B^{on} La Caze

22 Jours

en Algérie

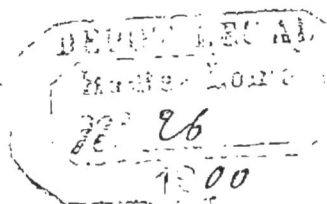

PARIS

—

1900

I.K. 8
1977

2 2 Jours

en Algérie

Bᵒⁿ La Caze

22 Jours

en Algérie

PARIS

1900

22 JOURS EN ALGÉRIE

Mon excellent ami Caze de Caumont m'a fait faire deux choses aussi extraordinaires l'une que l'autre, pour le vrai Français routinier et paresseux que je suis. Il m'a emmené en Algérie : il m'a mis la plume à la main pour raconter notre petit voyage, qui n'a rien à voir d'ailleurs avec ceux des hardis pionniers de la civilisation.

Donc, un beau jour, c'était je crois

le 5 janvier 1900 et il faisait fort laid, je retrouvais sur le quai de la gare de Lyon mon ami Caumont. L'un et l'autre, nous avions des macferlans très anglais, des souliers bien jaunes, des chapeaux extrêmement mexicains ; pour ma part, je commençais à me prendre pour un insensé de risquer la peau du père de mes enfants sur une chose aussi peu stable que la Méditerranée. Mais on a son petit amour propre : des amis sceptiques ou railleurs avaient engagé des paris sur les chances minimes de me voir quitter Paris.

Le train siffle et nous partons, roulés dans de minces couvertures, qui vont sans doute nous gêner au pays du soleil. Quelques journaux, quelques pipes, un déjeuner et un dîner au restaurant du train et nous voilà à Marseille où, après avoir bu un bock sur la Canebière, encore animée malgré l'heure tardive, nous allons nous coucher.

Le lendemain matin, dès l'aube, ma curiosité m'éveillait : car, si j'espère ne pas avoir la blague de Tartarin, j'en ai tout l'enthousiasme et, dès que je voyage, je commence à ouvrir des yeux très grands et à trouver les choses bien curieuses à vingt lieues de chez moi. Ce qui m'amuse, c'est moins la vue des spectacles nouveaux que le monde d'idées naturellement incohérentes qu'ils font surgir dans ma tête. Il pleuvait, comme il convient un jour d'arrivée dans le Midi : et pendant que Caumont allait s'occuper de retenir notre cabine, je promenais, bouche béante, mes pas incertains dans Marseille où, étranger, je me sentais tout provincial.

Comme vous allez le voir, un rien suffit pour exciter mes réflexions. Le double fait que dans les enterrements, le curé va dans la même voiture que le mort, avec seulement une meilleure place à tout point de vue, et que les petits bâtiments ou kiosques ronds, si utiles à Paris, sont remplacés par de confortables boutiques au faîte desquelles s'étalent en toutes lettres ces mot fulgurants : « lieux d'aisance », me fit déjà passer un bon moment.

Mais ne perdons pas une occasion de nous instruire et montons par le vertigineux ascenseur grimpant le long de la paroi du roc sombre jusqu'à Notre-Dame de la Garde. Il fait un léger brouillard qui panache les toits rouges de la ville resserrée entre ses collines. D'un côté de l'Église moderne et sans caractère, perchée sur le plus haut sommet, des éboulis de rochers galeux qui vont se perdre en lacets jusqu'aux bas-fonds de la ville : de l'autre, la mer en panorama entre les coteaux qui lui font un cadre sombre. De ci de là, à mes pieds, de petites maisons très blanches, avec des taches sombres de cyprès ou de chênes verts.

Je n'ai que le temps de redescendre et d'aller déjeuner au grand trot avant de prendre le paquebot. Affreux coup de fusil à table, excusable seulement par son excessif bon marché, qui ne nous console ni Caumont ni moi.

Le moment est venu de quitter la terre ferme. *L'Eugène Péreire* nous tend ses gros flancs noirs où nous allons nous engouffrer, à travers le monde grouillant et collant des camelots, des porteurs et des interprètes. Nos colis, par une faveur toute spéciale, sont arrimés dans un coin, sur le pont, au lieu de descendre dans la cale où il nous faudrait plusieurs heures à l'arrivée pour les ravoir : et l'on charge toujours, dans le sifflement des grues et le grincement des cordages. C'est plaisir de voir lancer à toute volée, de trois mètres de haut, dans le fond du bateau, les colis délicats sur lesquels sont écrites en tous sens de minutieuses recommandations. Il y a surtout une

caisse de cristaux qui nous a bien amu-
sés, pendant la courte durée de son existence; on a quand même emporté ses
morceaux et ceux des carafes qu'elle con-
tenait jusqu'à la côte africaine.

Attention : on part. Une barque
attachée au flanc de *l'Eugène Péreire*
l'aide à pivoter sur lui-même et nous
sortons du port; la mer n'est pas mauvaise, mais le commandant, un joyeux
compère d'un ramollissement conta-
gieux, nous prévient en clignant de l'œil
qu'il va falloir être *conservateur*.—Est-ce
une insulte?—Non : cela veut dire seulement qu'il va falloir faire appel à toutes
ses forces pour garder ce qu'on a dans
l'estomac, en attendant qu'on l'ait sur le
cœur — exquise plaisanterie.

Le froid est très vif : j'ai accumulé sur
mon dos tous les vêtements légers que
j'ai emportés : ils font nombre, mais ils
ne font pas chaud et je me promène en
titubant, car la mer moutonne et la lame

devient courte. La nuit vient ; il faut
rentrer, on va dîner ; cela est au-dessus
de nos forces. Étendus sur deux cou-
chettes, côte à côte, nous attendons le
jour sans manger. Toute la nuit, roulis
affreux, paquets de mer dévalant sur le
pont. Il paraît que c'est bon parce que
nous avons le vent dans le dos ; que
serait-ce si nous l'avions debout ? Au
matin, la mer ne se calme pas ; nous
nous rasons tant bien que mal, l'un
après l'autre, après avoir touché l'eau
du bout de nos doigts et nous remontons sur le pont.

Je ne connais rien au monde de si laid
que la mer quand on est dessus, loin de la
vue de la côte : ce cercle d'horizon qui ne
renferme que des machines à roulis et à
tangage, est mesquin tant il paraît étroit,
et d'une monotonie désespérante. Je ne
suis pas malade, mais je m'ennuie et
payerais des suppléments de charbon
pour arriver plus vite. Enfin, la terre :

Alger tout blanc, malgré le brouillard, apparaît comme une série d'étages grimpants à flanc de coteaux ; les arcades du quai se dessinent plus nettement, nous accostons ; et j'ai un petit frétillement de joie à voir des turbans ailleurs que dans les bazars de la rue de Rivoli : ce sont de vrais Arabes. Quelle chance ! et comme j'ai bien fait de m'embarquer.

Un loqueteux parlant le français le plus pur s'empare, en me tutoyant, de mon bagage, l'arrime, au moyen d'une corde savamment enroulée, autour de ses épaules et nous montons à pied jusqu'à l'hôtel de l'Europe.

L'air est doux et les immenses bambous profilent leurs cannelures légères sur le sable de la petite place. On se sent bien et il est convenu que nous allons nous offrir un excellent dîner chez Grüber, qui est, je le crains bien, un juif Allemand. Pour moi, je foule ce sol inconnu avec une puérile volupté, comme si je faisais la conquête de l'Algérie. Je suis venu pour avoir des impressions et j'en ai : tout ce qui est un peu loin fait rêver l'être microcospique que je suis.

Après le dîner, sous le ciel devenu pur, nous nous promenons en fumant et en causant des choses de France : ce sont elles qui sont les lointaines maintenant. Quelques foulées au hasard des ruelles sombres et puantes entre les boutiques lilliputiennes où les Arabes se reposent du jeûne (car c'est le Rahmadan), en mangeant des gâteaux à l'huile, des dattes et des mandarines ; puis, sans curiosité malsaine, nous nous dispensons des surprises pornographiques de la Kasbah et nous allons nous coucher. Que de choses à faire et à voir demain ! Je m'endors la tête en feu ; mon ami Caumont, plus blasé sur les spectacles d'outremer, est déjà parti dans la chambre à côté pour le royaume du rêve.

A 7 heures, Caumont entre dans ma chambre : il s'est laissé entortiller pour acheter ici et envoyer en France des chevaux au sympathique Molier qui veut étonner Paris et l'Exposition par ses représentations exotiques. Or l'exotisme consiste, surtout pour les chevaux, dans le fait d'avoir des crins longs, une queue qui balaie la terre et une croupe d'une forme peu artistique qu'on appelle croupe en pupître ou croupe de cochon. Je ne peux résister au plaisir de vous le dire, parce que chacun sait que je suis un homme de cheval et je tiens à vous le prouver. Donc, nous devons nous mettre à la recherche de ces animaux vilains et bon marché qu'on appelle des chevaux arabes et que l'on connaît en France par les fâcheux spécimens de cette race que montent les capitaines d'infanterie. Mon brave Caumont qui, comme certains traitements, est facile, même en voyage, va faire un peu de grosse besogne et me donne ma matinée; mais dans la journée, il me veut pour les chevaux.

Donc, léger dans l'air pur du matin, je fais avancer une victoria attelée de deux petits barbes et en route pour Mustapha. Nous montons gaiement la route en lacets qui domine la baie d'Alger ruisselante sous le soleil et qui court sous les ombrages des ficus, aux feuilles lourdes, des gros palmiers et des chênes verts; les villas pimpantes font des taches blanches dans les fouillis de plantes rares et ma voiture monte; peu à peu, les habitations sont plus disséminées; par un brusque coude, nous tournons le dos à la mer et nous voilà dévalant par de longs méandres dans la vallée de la « Femme sauvage »; les coteaux se resserrent, des chèvres blondes broutent les herbes grillées sur les talus.

Un village : c'est le « Ruisseau » : guinguettes un peu parisiennes dont je m'éloigne avec horreur ; puis le tramway, qui lui aussi m'ennuie ; enfin le « Jardin d'essai ». Je ne crois pas qu'il soit possible de voir un entassement plus féerique d'arbres merveilleux et nouveaux pour moi. Leur forme, leur odeur, leurs fruits, tout me charme en me déconcertant et je ne puis me lasser d'errer seul au hasard dans ces allées qui ont plutôt l'air de galeries d'objets précieux.

En revenant, mon cocher m'arrête au cimetière arabe : la mort est plus étonnante à rencontrer que la vie ; il semble toujours qu'en se déplaçant on ne la trouvera plus sur sa route. Deux petits Arabes me conduisent, avec l'espoir des deux sous que je leur donne, à travers les tombes. Un d'eux me fait observer avec orgueil qu'il ne m'a montré que des tombes de « riches ». Où diable la pose va-t-elle se nicher ? — Voilà la mosquée : on n'y entre pas. Néanmoins en ôtant mes bottines et en me faisant très humble, je pénètre dans le petit antre frais et sombre où deux Arabes prient sans se retourner à mon entrée.

Et je retrouve Caumont qui prend comme par hasard un vermouth devant un café, en attendant le déjeuner. Certes, Alger est intéressant et charmant, mais vraiment, quand le calme se fait dans mon esprit, je trouve que cela manque un peu de couleur locale : il n'y a que les gens et les arbres. J'oubliais les diligences à huit chevaux bondées de burnous qui rappellent un peu, par leur confortable, celle que chacun a été voir jadis chez Buffalo Bill.

Nous passons le reste de notre journée à nous renseigner chez les maquignons sur les principaux centres d'élevage où nous pourrions trouver des chevaux. Nous allions quitter Alger le lendemain matin et, à travers maints tours et détours, arriver au désert, ce mot magique qui, à lui seul, faisait bondir tout mon être, d'émotion et d'impatience.

Naturellement, il fallut se lever dès l'aube, car la spécialité des trains algériens est de partir de très bonne heure quoiqu'ils arrivent fort tard, et cela dans l'unique but de pouvoir aller doucement. Consciencieusement pendu à la portière de mon wagon, je regarde défiler devant moi un paysage quelconque; seuls, les haies de figuiers de barbarie avec leur aspect hirsute et misérable et les petits orangers qui gardent cependant ici l'air de pots de fleurs qu'ils ont chez nous, prouvent que nous sommes au Sud. Dans le lointain, les premiers contreforts des Monts Atlas montrent déjà leur puissante silhouette. Mais, à chaque station, quel régal de voir tous ces loqueteux à l'air grand seigneur qui regardent le train et les voyageurs sans qu'un muscle de leur physionomie bronche : ils sont d'ailleurs accroupis d'une façon invraisemblable au point de vue anatomique, le torse adossé à un mur, les genoux leur remontant sous le menton et les mains croisées sur les

Le breack de M. l'Administrateur.

tibias, et cela des heures entières sans bouger et, ce qui est plus curieux, sans avoir de crampes. De temps en temps,

une joyeuse troupe d'enfants bariolés
chantent une sorte de psalmodie dont le
refrain ne varie pas, puis ils éclatent de
rire. J'aime à voir rire les enfants et je
leur donne des sous qu'ils demandent
rarement.

La plaine de la Mitidja, fertile et sans
intérêt pittoresque, étend à perte de vue
ses cultures savantes. Voici Blida, El-
Affroun, nous y reviendrons dans deux
jours. Continuons et descendons à Pé-
régaux. Là, mon ami Caumont entre
dans son domaine : administrateur de la
Compagnie Franco-Algérienne, il voit,
aussitôt arrivé, se lever tous les chapeaux et se baisser toutes les têtes : c'est
ici que commence un genre de voyage
tout nouveau pour moi, en ce sens qu'il va
être à l'œil, — parfaitement ! Je me carre
dans un salon qu'on appelle un break,
et me voilà roulant, sous les auspices
de mon excellent camarade, sur la ligne
de Pérégaux à Arzew, par train spécial.

Le jour baisse rapidement; seuls, dans la grande plaine marécageuse où l'eau fait des lignes blanches à faire croire que c'est de la neige, nous regardons passer les longs roseaux bruns par terre, et les étoiles au ciel.

Je ne sais pourquoi le sentiment de la solitude nous prend ; nous nous taisons. Tout à coup un feu follet immense s'allume près de notre wagon qui fuit et le poursuit à quelques mètres de la vitre des portières. Il darde sur nous sa flamme, comme un œil rouge dans l'obscurité, et va se perdre dans la ligne blafarde d'un étang.

Dans le fond d'une nuit claire, nous descendons du train et nous nous mettons à table dans une auberge de rouliers et de muletiers qui est propre, où le linge et les mets sont solides et sentent bons, mais où nous cherchions, je ne sais pourquoi, la gâchette de notre revolver en allant, quelques instants plus tard,

nous mettre au lit. Pusillanimité sans doute, ou froid sur l'estomac ?

La nuit se passe à merveille et le lendemain matin, nous grimpions dans une voiture qui s'appelait un landau, qui était énorme, que traînaient. trois petits chevaux très maigres, très fainéants et très laids. L'un d'eux, au soleil levant, s'arrête en secouant la tête comme un homme ivre et y va de sa petite crise de vertigo solaire. Je descends, je fais tourner au cheval le dos au soleil, il se calme, nous repartons, et, trois heures après, nous descendions par une pente tortueuse et pittoresque qui mettait Oran à nos pieds et les flots bleus de la Méditerranée dans le fond du tableau. Il faisait beau : notre longue promenade en voiture découverte nous avait reposés de nos longs stages sur les coussins des wagons, et nous voyons Oran et la vie en rose. Au télégraphe, en arrivant : bonnes nouvelles de chez

nous : la journée se présente décidément
bien.

Arriver à Oran, c'est entrer en pleine
Espagne : la moitié des enseignes sont
en langue espagnole, les femmes ont les
oeillades et le déhanchement de leurs
sœurs d'Andalousie et la blancheur exté-
rieure des maisons qui tient plus à la
pureté du ciel qu'au lait de chaux dont
on les badigeonne, lutte, comme là-bas,
faiblement, contre la saleté des intérieurs.
Je ne parle pas naturellement de l'hôtel
Continental où nous descendons et où
le *modern style*, joint aux grâces du
portier arabe, et aux favoris anglais du
maître d'hôtel, fait un singulier effet aux
yeux du voyageur un peu déçu et déso-
rienté. Le déjeuner est mauvais, l'addi-
tion considérable : mon ami Caumont
rencontre des officiers qu'il a connus un
peu partout, il essaie de m'expliquer où ;
j'acquiesce d'un air satisfait en écoutant
des noms d'endroits certainement arabes,

mais qui ne m'en sont pas moins fort inconnus.

Je fais en voiture une longue promenade sur la route en corniche qui domine la mer : je passe à Mers-el-Khébir en traversant une halte de turcos qui reviennent de la manœuvre, j'atteins le petit village d'Aïn-el-Turk et je reviens par le même chemin, grisé de grand air, rompu de fatigue et par dessus tout tremblant la fièvre. C'est, en vérité, une charmante petite ville qu'Oran, coquettement située avec un joli fort qui la domine et une Méditerranée qu'elle partage avec quelques autres localités ; mais il n'y a pas place à l'émotion de l'inconnu ; en arrivant à Biarritz, il est loisible à chacun d'avoir une impression toute pareille, sinon plus intense. Il règne néanmoins dans toutes ces villes algériennes, j'ai pu le constater un peu plus tard, une gaieté demi-charnelle demi-rêveuse, qui a son charme spécial et qui garde bien l'odeur du terroir.

Dans notre voyage à grande vitesse où il s'agit de voir et de faire en peu de temps le plus de choses possibles, il faut sans cesse songer au départ, et c'est une fièvreuse existence, l'indicateur à la main : heureusement que, par une bizarre contradiction, mon ami Caumont qui n'a jamais su distinguer une pièce de dix sous d'un billet de mille francs, navigue merveilleusement dans les méandres compliqués des longues pages noires d'heures d'arrivée et de départ et il me mâche la besogne que j'exécute avec lui ensuite.

Remontons à Péregaux pour retrouver la Franco-Algérienne qui doit nous mener au Sahara. A peine la dernière bouchée de notre dîner avalée, nous voilà regrimpés en wagon. Arrivés tard à Pérégaux dans une gargotte de filous que je marque à l'encre rouge pour les touristes de mes amis et qui se trouve en face de la gare, nous sommes prêts au petit jour et le wagon de Monsieur l'Administrateur étant avancé, nous montons dans le grand salon à douze fenêtres, qui est accroché derrière le train. Son balcon, aux balustrades dorées, tournant le dos au sens de la marche nous met directement et solitairement en contact avec les paysages qui fuient à mesure que nous avançons. D'ici à Aïn-Sefra, la porte du Désert, nous avons une longue journée, sans buffet ni auberge : aussi nos sacs sont-ils des trésors de choses parfaites que nous allons déballer à déjeuner avec l'aide de notre aimable et intelligent compagnon, M. C. Rouzaud, le chef d'exploitation de la ligne. Mais n'anticipons pas.

Le jour n'était pas levé à notre départ et comme les journées précédentes nous avaient un peu fatigués, nous nous étions endormis sur nos coussins en montant dans le train. Le premier arrêt me fait

sursauter et je bondis au balcon : le rideau des scènes merveilleuses que nous
devions voir pendant deux trop courtes
journées, était levé ; nous étions au bar-
rage de l'Oued Serezoug, au milieu
d'un cirque resserré, entouré de tous
côtés par des coteaux où, dans le noir des
sapins alternant avec le rouge des rocs,
s'étend ce merveilleux ouvrage qui a
triomphé des bonds inattendus et ter-
ribles de l'oued, qui l'a apprivoisé, civi-
lisé, endigué et en a fait une pièce d'eau
féerique dans un paysage intraduisible
de sauvagerie et de variété.

Le jeu de la lumière naissante donne
un mystérieux attrait de plus à cette vallée dont le verdoiement est plein d'austérité, et qui va se retrécissant. Puis le
train s'engouffre dans les murs à pic qui
se renferment presque au-dessus de lui,
et vous plongent dans une demi obscurité pénétrante.

Le terrain s'aplanit alors petit à petit

et pendant des heures nous marchons
par de longs circuits autour de mame-
lons de petite hauteur, sans une herbe,
sans un gourbi, sans un homme. La
terre glaise dont ils sont faits, lisse et
renflée par endroits, se creuse de temps
en temps en lignes nettes et courbes qui
font songer, Dieu me pardonne, aux
grosses fesses de quelque monstrueux
enfant dodu.

N'étant ni géographe, ni savant, ni
capable de le devenir, j'écoute à peine
les noms qui passent auprès de mon
oreille à chaque station. Notez que les
stations sont composées d'une maisonnette où vit le chef de gare, sans un village, sans un hameau ou une agglomération quelconque. En somme, il y a là
un homme, une femme, quelquefois des
enfants, mais en dehors de cela pas
autre chose que la citerne destinée à
alimenter les machines qui ne s'y arrêtent d'ailleurs que pour cette raison. Et

je rêve un peu, en rendant le salut à cet
homme qui vit à l'état sauvage, malgré
sa casquette galonnée.

La Gethma, joli coin, pas plus pittoresque qu'un petit hameau de France,
un palmier pourtant. Dans une petite
maison que M. Rouzau me montre est
né Abd-el-Kader et le palmier voisin est
celui sous lequel il a prêché la guerre
sainte. Là, où retentissaient le bruit des
armes et les invocations à Allah, s'étendent silencieux des petits plateaux bien
cultivés dont le sol est gratté dans le
lointain par de petites charrues attelées
à de petits chevaux blancs et conduites
par de grands Arabes également blancs.
Le blanc joue décidément un grand
rôle dans le pays, sans parler des mara-
bouts, les tombeaux des saints, qui mar-
quent les coteaux de la tache blanche
de leur minaret, sans cesse remis à neuf
par la piété des environs.

Pendant que nous avançons, notre

compagnon de route, M. Rouzaud, dont
la bonhomie pleine d'esprit et d'entrain
et les connaissances approfondies du
pays, de son histoire, de son organisa-
tion et de ses ressources, sont pour
l'agrément de la route de précieux auxi-
liaires, nous met au courant de ce qui a
été fait au point de vue agricole et colo-
nisateur.

Malgré le sourire avec lequel il ac-
cueille mon indignation pour la manière injuste et brutale dont je vois traiter
les Arabes, il ne peut pas s'empêcher de
plaindre ces malheureux si indolents
sans doute, mais si fiers et si durs à
eux-mêmes, et dont le tort principal,
après tout, est de n'avoir plus de place
dans leur propre pays. Quand il y a une
corvée à faire, une injure ou un coup
de pied à recevoir, l'Arabe est là : on
dit l'Arabe comme on dirait le nègre,
l'esclave, le chien, et on s'étonne qu'il
n'ait pas pour les étrangers, qui sont

devenus ses maîtres, des sentiments
d'amour et de vénération. L'autre jour,
je bouscule un Arabe dans la rue et lui
marche sur le pied : en Français poli,
je touche le bord de mon chapeau et lui
dis : « Pardonnez-moi ». — On rit autour
de moi, mais lui, touché, me répond :
« A moi l'honneur », en portant sa main
à son front, puis à ses lèvres, j'étais en-
chanté. Mais passons, car mon ami Caumont m'assure que mes tendances phi-
lanthropiques pour les Arabes lui font
beaucoup de peine et que ce sont
d'atroces canailles. Cela n'empêche pas,
mon cher, qu'on ne trouverait pas beaucoup de Chrétiens pour travailler du
lever du jour à la tombée de la nuit
comme ces pauvres Arabes, sans boire
un verre d'eau ni fumer une cigarette,
même en cachette, pendant les quarante
jours de Rhamadan, et c'est à quoi j'as-
siste tous les jours avec admiration depuis
mon départ : — c'est bon, c'est bon. —

Saïda! — Saïda veut dire la Lionne en arabe : si vous ne le savez pas, moi j'en suis sûr ou du moins on me l'a dit : c'est, du reste, la seule de son espèce que j'aie vue. Cette station, qui est en même temps une petite ville relativement importante, est le centre du commerce et des magasins de l'alfa, cette herbe grise verte qui pousse seule sur les hauts plateaux et dans certaines parties du désert et qui, non contente de nourrir les chameaux, sert à la confection de cordes, de paniers, de paillassons communs que l'on retrouve partout même dans les petits bazars de province français. Ce commerce de l'alfa qui est entre les mains de la compagnie Franco-Algérienne est, à ce qu'il paraît, un gros atout dans son jeu et tient une place considérable dans le transit de la ligne. On en voit de gros cubes comprimés, sous des bâches, sur des centaines de wagons.

Nous venons de sortir du pays des

communes pleines où les habitants ont,
comme en France, un maire pour les
administrer : nous sommes dans le pays
mixte où le gouvernement nomme un
administrateur recruté dans le clan des
radicaux les plus véreux de France pour
administrer, pressurer et molester les
pauvres Arabes. Nous allons entrer dans
la zone militaire, celles des bureaux
arabes. C'est peut-être celle-là où les
Arabes, tout en étant moins libres en
théorie, sont le moins malheureux,
quand on leur nomme pour caïd ou
chef indigène un des leurs, connaissant
et respectant leurs intérêts. Et, à ce pro-
pos, permettez-moi une digression.

Les bureaux arabes dont les attribu-
tions sont multiples, jouissent entre
autres privilèges peu enviables, du droit
de rendre la justice et jouent le rôle de
sortes de juges de paix dans les litiges
entre indigènes ; or, ils ont parfois de
bien singuliers cas à juger. En voici un

exemple : c'est un peu décolleté, mais en arabe, c'est comme en latin.

Donc, quand une femme ne reçoit pas de son maître et époux le pourcentage de tendresses auquel l'usage lui donne droit, comme elle se sent lésée, elle vient au bureau et a une manière symbolique de se plaindre : elle se présente en levant ses deux mains chaussées de ses babouches, la semelle du côté du juge. — Le bureau militaire justement indigné envoie le mari négligent ou au-dessous de ses affaires dans une salle de police quelconque où il passe souvent de ce chef jusqu'à huit jours. Quand, au contraire, son mari a une manière déplacée de lui témoigner son amour, comment dirai-je ? en dehors de la voie droite, dans laquelle doit se maintenir tout galant homme, les sandales, tout en restant tournées du côté du juge quant à la semelle, sont en même temps placées la pointe vers la terre pour bien prouver

que c'est le monde renversé. On m'a
affirmé que dans ce cas le mari y allait
quelquefois de ses quinze jours de pri-
son.

Depuis huit heures, tantôt rapidement,
tantôt par une pente insensible, nous
montons toujours ; partis de la cote 45
nous serons à Mehalis à 1314, pour nous
retrouver à Aïn-Sefra à 1068 et redescendre vers le désert. Nous voici à Kral-
fallaw, le point terminus de l'insurrection de Bouamama à la tête des Ouled
Sidi Cheicks en 1882 ; il a été coupé par
ici beaucoup de têtes rapportées san-
glantes à l'arçon des selles. Maintenant
Bouamama, battu et contrit, est à
Figuig : il demande l'aman et ses chameaux broutent l'alfa français : maintenant aussi la plaine calme, déserte, immense et sombre sous un ciel bas, s'étend
dans le vent qui passe sur les touffes
d'armoise et de drin, maigres et flétries
et que le chameau lui-même ne mange

que quand il a trop faim ; quelques pauvres animaux de cette espèce errent,
comme des fantômes, humant la brise,
avec de grands airs de gentilshommes
décavés.

Les gares prennent maintenant un
aspect de forteresses ou de bordj,
sans autres fenêtres que des meur-
trières ; elles ont une porte de fer
qui se relève, et sur le toit des mâchi-
coulis pour pouvoir tirer à couvert sur
les assaillants. Il n'y en a plus d'ailleurs
depuis quelques années : mais parfois
une bande de pillards fait un mauvais
coup : témoin le chef de gare tué l'autre
jour à Mograr en plein jour. Nous devons trouver demain l'homme qui a
coupé la tête du meurtrier deux jours
après.

L'horizon s'étend encore davantage.
Au loin les silhouettes basses et sombres
du Djebel Antar à l'ouest et du Djebel
Ahmour à l'est. L'alfa se fait de plus en

plus rare, le drin seul apparaît en petites touffes de plus en plus éparses et plus misérables; on prévoit l'approche du grand chaos jaune que va être le Sahara; nous ne le verrons que demain. De temps en temps comme une mouette blanche sur l'océan, apparaît un burnous blanc sur un cheval blanc; il disparaît dans la vitesse du train et l'on songe à ce que recouvre ce burnous, à ce que pense ce cavalier, d'où il vient, où il va, quel intérêt ou quelle passion l'a mis en selle et à quel sombre gîte il quittera son arçon ce soir.

La nuit s'étend en quelques minutes comme un rideau noir sur la grande plaine sans fin, et un peu grave devant tout ce monde inconnu dont je viens de faire la connaissance, je n'ai pas trop de l'inépuisable bonne humeur de mes deux compagnons, de nos succulentes con- serves et d'une bouteille de Roederer extra dry pour me remettre l'esprit au point. Les fenêtres sont fermées, les stores baissés, les lampes allumées, on se met à table ; néanmoins je continue à assommer M. Rouzaud sous la grêle de mes questions, car j'aimerais à tout connaître et tout savoir en deux jours n'ayant pas la prétention de voir grand chose. Heureusement, être ennuyeux n'est rien : la chose triste, c'est d'être ennuyé.

Nous avions bien mangé et bien bu ; oh n'ayez pas peur ! chacun peut-être une demi-bouteille de champagne, car pour le reste c'était du vin d'Algérie et j'aimerais mieux ne jamais boire que de l'eau que d'y toucher. Tout à coup je dis à Caumont : « C'est curieux, je suis gris ! je t'assure. C'est drôle ! bonsoir. » Je me roule dans ma couverture et avant de fermer les yeux je vois Caumont d'abord, puis M. Rouzaud qui s'affalent chacun sur leur banquette, et je m'endors d'un sommeil de plomb. Une heure

après, on ouvre la portière ; nous étions
à Aïn-Sefra et le chef de gare chez qui
nous devions loger est obligé de nous
secouer pour nous réveiller : les bouillottes à charbon dans un wagon hermé-
tiquement fermé nous avaient à moitié
asphyxiés et le bonheur a voulu que nous
ne soyons guère restés que deux heures
dans cette atmosphère pestilentielle. Sans
cela, notre voyage aurait tourné court,
mais sa fin tragique lui eût sans doute
donné une saveur que notre excellente
santé actuelle lui retire absolument.

Il est nuit close quand nous nous
mettons en route, et à peine remis de
notre demi empoisonnement d'hier au
soir, nous nous rendormons en remontant dans notre vagon. Au petit jour
l'arrêt du train dans le silence nous
éveille.

Enfin, nous y sommes ! Je descends
en hâte pour prendre possession du désert et contact avec le sable jaune.

Dans une transparence d'atmosphère rendue plus frappante dans le jour à peine levé, tous les objets, c'est-à-dire les

Le boute-selle.

éboulis de rochers, les chaos des terrains rougeâtres, les deux ou trois palmiers maigres rompant l'effrayante et

silencieuse monotonie de l'endroit et la
dentelure des coteaux bas qui nous entourent, sont comme sertis de lignes
noires qui en accusent les contours : on
dirait d'un paysage rudimentaire, né
dans l'imagination d'un enfant et naïve-
ment découpé sur un papier à coups de
gros traits de plume. A quelques pas,
semble-t-il, en réalité à trois ou quatre
kilomètres, une masse d'un vert dur
tranche sur l'horizon fauve martelé de
blocs de pierres fendus comme des éclats
d'obus : c'est l'oasis de Moghrar où
nous irons tout à l'heure. — Telle est la
première impression irraisonnée, inex-
primable, cette impression qu'on ne peut
oublier parce qu'elle est entrée toute
armée d'un seul coup dans l'imagination
et le souvenir. — Je me tais : je regarde :
je cherche à entrer en relation avec ce
monstre immense, infiniment plus di-
vers, plus varié, plus personnel, que
l'Océan, le Sahara ; certes, j'en aperçois

un bien petit coin et mon impression
est peut-être plus nerveuse que réelle,
cependant il me semble que nulle part je
n'ai trouvé d'aussi grandiose austérité,
ni d'aussi stupéfiant silence, et mon être
recueilli s'écoute songer.

Quelques instants après, toujours bai-
gnés dans un jour sombre mais translu-
cide, et dans un silence tel que la parole
humaine semble douloureusement frap-
per le tympan, nous pénétrons dans l'oasis de Moghrar, tout petit, six mille
palmiers. Sur le sable rouge plutôt que
jaune, s'élèvent gigantesques et mala-
droits, les longs troncs, chargés au sommet de régimes de dattes et de tiges den-
telées et grêles. Entre de hauts murs qui
se rapprochent à se toucher, nous errons ;
ces murs sont entre le rouge et le brun,
on dirait des murailles de chocolat, ils
s'ouvrent de temps en temps ou sur une
clairière de palmiers plus touffus et plus
bas que les autres dont la disposition

figure comme une place, ou sur une
sorte de tanière surélevée d'où sort
un peu de fumée, quelquefois le son
d'une voix : ce sont les demeures des
Arabes.

Un peu plus loin, néanmoins, à un
tournant, une façon de maison blanchie
à la chaux s'offre tout à coup à nos
regards : enserrée parmi les murs fauves
et les palmiers dont les racines jaillissent
aux pieds de sa façade, c'est la mosquée.
Nous y jetons un regard discret. Perdus
dans leur contemplation, comme ils le
sont dans ce coin du monde, quelques
Arabes prient chacun à haute voix, sans
se soucier ni de nous, ni les uns des
autres ; le seul luxe de ce lieu de prière
est une natte en alfa. Nous descendons
dans une ruelle à pic qui n'a pas un
mètre de large ; quelques anciens cau-
sent accroupis sous un auvent en mousse
dans une sorte d'hémicycle qui s'ouvre
sur la ruelle ; pas un sourire de curiosité

ou d'étonnement ne passe sur leurs faces terreuses.

Au fond de la descente, comme dans la base d'un cratère, quelques femmes à moitié nues lavent des loques dans quelques centimètres d'eau putride et, ni le spectacle, ni l'odeur, ni peut-être la prudence, ne nous invitent à nous approcher. Je demande par l'intermédiaire de M. Rouzaud à acheter un régime de dattes pour l'envoyer à mes enfants ; un Arabe m'en apporte un fort mauvais que je lui paie, sur sa demande, la somme modique de 1 fr. 50. A ce moment le caïd, mécontent sans doute de voir entre nos mains un si triste spécimen de la culture de son Douar, s'approche de nous, suivi de son esclave qui porte un merveilleux régime de dattes, et nous l'offre avec force sourires gracieux, salutations et baisers, puis il veut nous accompagner et nous parcourons toujours en silence, comme dans un

rêve, les serpentines ruelles de terre
battue ; je prends la photographie du
caïd et lui demande son nom : « Mdje-

Les vendeurs de dattes.

doub-Ould-Hamed », caïd de Moghrar
Foucani. Sa joie est extrême de cette
marque d'intérêt ; il tient absolument

alors à nous présenter son fils, un merveilleux échantillon de la race arabe d'ailleurs,
puis il nous emmène voir sa demeure
qui ressemble comme deux gouttes d'eau
à un terrier de lapin géant, mais sent infiniment plus mauvais. Enfin, ce sont des
regrets de ne pouvoir nous offrir du thé
à cause du Rahmadan, puis un silence,
et avant de prendre congé de nous, après
m'avoir fait promettre de lui envoyer sa
photographie, il finit par nous dire non
sans emphase qu'il ne manque pas de
littérature, qu'il sait lire et écrire et qu'il
a été pendant l'insurrection le secrétaire
de Bouamama.

Après cette incursion dans le monde
du rêve nous continuons pendant une
vingtaine de kilomètres notre route en
wagon au tout petit pas sur des rails qui
n'ont pas de ballast et qui n'ont pas
encore porté de locomotive, et le désert
se montre à nous, non pas uni, mono-
tone et plat, mais accidenté, tourmenté,

chaotique, tantôt se resserrant dans de
profondes et lugubres gorges, tantôt
poussant comme des troupeaux de rochers cyclopéens à travers la plaine dé-
solée et immense; de ci de là, quelques
brins de tamaris ou de drin, mais partout
le sable fauve, la terre rouge et le roc
noir. Hélas! nous étions au point terminus de notre voyage : la route ne
s'étendait pas plus loin ou, tout au
moins, n'était ni assez terminée, ni
assez sûre pour qu'on nous permît de
nous y aventurer.

Aux Oglates, dernier poste de gen-
darmerie, nous nous contentons d'aller
voir dans le lointain le point vert de
l'oasis de Djenen Bouresck et force nous
est de remonter en wagon, tournant le
dos à tout ce monde à peine entrevu, à
qui j'espère bien ne pas dire un adieu
définitif. Ce n'est pas sans un serre-
ment de cœur très réel que, penché
au balcon pour jeter un dernier regard

sur ce coin isolé, je revois en sens inverse tout ce qui vient de me causer
tant de neuves et curieuses impressions.

Heureusement nous avons à visiter
l'oasis de Tiout avant de rentrer à Aïn-
Sefra et on me dit pour me consoler que
je n'ai encore rien vu. Puis comme
l'homme est prosaïque par ses besoins
et changeant par son caratère, nous mettons le couvert, nous déjeunons d'un
reste de foie gras avancé, arrosé d'un
verre de champagne qui ne mousse plus
et ce genre d'exercice retourne mon
esprit du bon côté, je veux dire du côté
de l'avenir.

Pour donner raison aux heureux pré-
sages que l'on venait de me faire, le ciel
s'était tout à coup découvert et le soleil
dardait maintenant ses rayons sur la
plaine que nous retraversons en sens
inverse. Le train s'arrête de nouveau et
un petit véhicule, attelé de deux belles
mules, nous attend sur le sable : elles

vont nous mener à travers le pays, car il n'y a naturellement pas de route, chez le Caïd des caïds, Simouley, au Douar de

Ben-Aboud, le coupeur de têtes.

Tiout, dont l'oasis ne compte pas plus de quatre mille palmiers.

Un Arabe, à la figure bistrée jusqu'à

être presque nègre, couturé de cica-
trices, l'apparence d'un brigand dans
son burnous qui laisse voir la poignée
de deux revolvers et d'un poignard, nous
souhaite la bienvenue de l'air dont un
chien de garde dit bonjour à un ma-
raudeur. M. Rouzaud nous pousse le
coude : « C'est le coupeur de têtes », nous
dit-il à mi-voix, « il en a vingt-quatre
son actif; c'est un ancien spahi très
brave, mais d'un voisinage un peu dangereux : la compagnie a trouvé plus
diplomatique de le prendre à son service que de le rencontrer au coin d'un
bois, en supposant qu'on puisse se procurer ici ce genre de paysage. »

Ben-Aboud, c'est son nom, grimpe
sur son siège armé d'un fouet qui ressemble à un assommoir et pousse, en
faisant de grands gestes, un cri rauque :
nous voilà partis ventre à terre, les
mules attelées avec quelques bouts de
cuir et de ficelles, ruant, se mordant,

galopant à travers les fondrières et les
blocs de rochers à un train vertigieux.
Pendant ce temps notre cocher au comble
de l'enthousiasme (c'est de la fantasia
en voiture) nous fait sa profession de foi
de bon Français : « Simouley », nous
dit-il, « marche droit pour la France,
mais il y en a qui marchent de travers :
je leur couperai la tête à ceux-là, j'en ai
rapporté vingt-quatre déjà, et ce n'est pas
fini ; pourtant je ne suis pas décoré, c'est
honteux pour le gouvernement français,
c'est parce que je ne suis pas blessé. »
Il rit alors d'un air moitié figue moitié
raisin et reprend en sourdine : « Quand
on a coupé la tête d'un homme, il ne
peut pourtant pas vous blesser. » Cette
plaisanterie lui paraît du meilleur goût
et il se tord de rire sur son siège en
rouant de coups les mules affolées.

Jamais Fenimore Cooper ne m'avait
donné l'idée d'un bas de cuir aussi origi-
nal. Quand nous rencontrons un cha-

meau, comme les mules en ont peur,
Ben-Aboud, debout sur son siège, bran-
dissant son fouet et hurlant en arabe,
fait signe au conducteur de se détourner
de sa route ; un d'eux ne le fait pas à

L'oasis de Tiout. Vue générale.

temps : il le larde d'un formidable coup
de lanière, le fouet lui échappe, alors les
injures redoublent, le malheureux qui a
eu la figure coupée par la mèche, se
baisse, ramasse le fouet, le rapporte à

Ben-Aboud humblement. Pour le re-
mercier notre homme lui reflanque un
second coup de fouet et dans des à-
coups, dans des zigzags invraisemblables,
nous continuons à rouler à travers la
plaine et les uns sur les autres.

Oasis de Tiout.

Je vois en somme que Ben-Aboud
établit sa popularité dans le pays par
des procédés qui ne conviendraient peut-
être pas au suffrage universel. Car ne
vous y trompez pas, c'est un person-

nage : Bouamama lui a donné un
haïc, tel caïd lui a fait cadeau d'une
selle, il vient lui-même de se payer une
jeune femme de seize ans et il est chargé

Le lac de l'Oasis.

de nous mener et un peu de nous présenter au Caïd des caïds dont, sous
un soleil merveilleux, nous voyons se
détacher l'oasis sur le fond rougeâtre
des rochers qui s'étagent en amphithéâtre derrière les palmiers.

Jamais ni l'art de la main des hommes ni les caprices les plus inattendus de la nature ne sont arrivés à produire de chef-

Retour de caravane.

d'œuvre pareil à celui que nous avons sous les yeux. Ce ne sont qu'eaux vives et cascades, alternant avec d'impéné-trables fourrés aux feuilles rutilantes

de verdure : des petits chemins apparaissent dans le feu du sable jaune pour
descendre au fond de retraites sombres

Sous les palmiers.

et glacées formées par l'écartement des
rochers. De quelque côté qu'on se
tourne, c'est la fête des yeux : on attend

le pas cadencé des sylphides sur ce
théâtre exquis qu'aucun opéra ne sau-
rait imaginer. A ce moment, des femmes
drapées de blanc, les bras nus viennent
à nous, en silence portant sur leur tête
des amphores : leurs corps harmonieux
se balancent sous le poids des vases
remplis. Le tableau est complet.

Au bout de ce jardin des mille et une
nuits s'étend le douar proprement dit,
c'est-à-dire la masse des cahutes en
terre sèche, rejointes entre elles par des
ruelles étroites. Dans un terre-plein qui
est peut-être une place, une vingtaine de
chameaux agenouillés et hurlant se lais-
sent charger de mauvaise grâce, au milieu d'un va et vient d'hommes, de
femmes et d'enfants qui s'agitent en
poussant des cris gutturaux. Une né-
gresse âgée, pliant sous un fagot d'alfa
nous barre le chemin, le neveu du caïd
lui envoie sur les reins un coup de ma-
traque qui la laisse pantelante sur le

sol : il nous prie ensuite d'excuser ces malappris qui nous empêchent de passer, et dans une petite maison plus laide que le plus vilain presbytère de nos campagnes nous faisons enfin la connaissance de Simouley : c'est un homme qui paraît avoir trente-cinq ans, autant qu'on peut dire l'âge d'un Arabe.

Il est gros, lippu, appuyé sur une canne à pomme d'étain de vingt sous, mais ses manières sont charmantes : il nous fait apporter du thé en nous disant qu'il ne boit pas avec nous à cause du Rahmadan. La politesse consiste ici à mettre énormément de sucre dans les tasses; à la troisième c'était un sirop imbuvable que nous avons d'ailleurs bu en donnant tous les signes de la plus vive satisfaction.

Après un colloque assez long, traduit par Ben-Aboud dont la situation sociale inférieure n'était marquée que parce qu'il était debout, nous prenons congé,

et alors, le caïd voulant nous reconduire,
c'est une silencieuse et lente promenade
dans les ruelles rouges ; Caumont, Rou-

Le caïd des Caïds Simouley et sa suite.

zaud, moi, le caïd, ses parents, ses amis,
ses esclaves, nous formons une longue
théorie qui s'avance comme une proces-

sion. Sur ma demande, Simouley m'autorise à photographier son auguste visage, et nous serpentons à travers les petites rues sombres jusqu'à ce que, par une montée rapide qui semble faire sortir de terre les habitants de l'oasis, nous nous trouvions auprès de nos mules. On se dit adieu, on se congratule de la main, des yeux, des lèvres et accompagnés du cri rauque de Ben-Aboud nous repartons en coup de vent à travers les sables.

Alors un à un, tous ces hommes, comme des fantômes blancs, reviennent sur leurs pas, ils retournent lentement à leur vie si lointaine de la nôtre et qui ne la croisera plus, et petit à petit on les voit s'enfoncer dans le sentier escarpé où leurs turbans blancs disparaissent les uns après les autres.

Cette journée féconde en spectacles si variés avait été si bien aménagée que nous arrivons à Aïn-Sefra avant le coucher du soleil.

Sur la place qui domine la grande colline de sable où est bâtie Aïn-Sefra, est
placé le canon qui va, au moment du
coucher du soleil, relever les Arabes de
leur long jeûne, et c'est curieux de les
voir, l'un avec une mandarine, l'autre
avec une cigarette, l'autre avec une
cruche d'eau, se préparer, chacun à son
choix, à satisfaire le plus impérieux de
ses goûts ou de ses besoins. Le canon
a tonné et va se répercuter au loin dans
les dunes arides qui s'étendent, mame-
lons sauvages, à perte de vue, puis dans
l'air pur du soir chante la voix grêle du
muezzin, appelant du haut de la mosquée les fidèles à la prière : et l'on voit
se courber jusqu'à terre les longues silhouettes blanches ou rouges, selon
qu'elles appartiennent à des Arabes ou à
des Spahis, dans l'atmosphère limpide
du jour qui finit. Alors se produit ce
fourmillement d'êtres et ces murmures
légers qui annoncent dans tous ces pays

la fin du labeur de la journée et la détente de la tâche accomplie. Les jeunes gens vont flirter avec les femmes voilées à la fontaine, les chiens hurlent dans le lointain, les militaires vont prendre l'absinthe et nous, nous faisons comme eux.

Nous trouvons là de braves gens, certes, mais que l'inaction, le pernod et la joie de se trouver supérieurs aux Arabes, ce qui n'est pas difficile, ont amenés à un état qui se rapproche bien sensiblement du ramollissement cérébral.

Par contre, un personnage intelligent, gai et sympathique, est le petit Pèreblanc, aumônier de la ville ; dans sa soutane noire, relevée jusqu'aux genoux, qui a des airs de dolman, avec sa petite moustache noire et sa barbiche sur son visage frais et franc, il est l'image du chrétien qui fait joyeusement son devoir.

Nous sortons de table ; un vent glacé nous coupe le visage; nous sommes fourbus, néanmoins nous ne coucherons encore cette nuit que roulés dans nos couvertures, en wagon. Nous allons en prendre possession dès huit heures, quoique notre train ne puisse se mettre en route qu'à minuit : on nous accro-chera tout endormis. Ce qui fut dit fut fait, et le lendemain, après avoir revu dans un demi-sommeil les hauts pla-teaux gris et les longues plaines d'alfa, nous nous retrouvons pour dîner à Pé-régaux avec le frère de M. Rouzaud qui, tout en restant à son poste, a de loin tout organisé pour rendre notre voyage facile et agréable.

C'est un chasseur expérimenté et dans son aimable désir de nous retenir, il me fait venir l'eau à la bouche avec le récit des chasses que lui-même a faites et qu'il se fait fort de recommencer avec moi. Sans compter les perdrix et les

5

lièvres que l'on trouve dans le pays en prodigieuse quantité, il y a de curieux coups de fusil à faire : le mouflon, la gazelle et même la panthère; les hyènes et les chacals sont aussi, paraît-il, assez faciles à approcher. Mais j'ai laissé en France de trop chers intérêts pour me laisser tenter et je presse Caumont, qui n'est pas plus pressé qu'un Arabe ; il faut brûler les étapes, nous procurer les chevaux qui nous manquent et rentrer. Il faut être le 18 à Alger, le 20 à Constantine, le 22 à Tunis, le 26 à Marseille et le 27 à table au milieu des miens, 43, rue Copernic. Quand je regarde la grande étendue de terrain à parcourir et les milles chances qui peuvent nous retarder, je suis pris d'un peu de mélancolie et, l'avouerai-je, d'un peu de mauvaise humeur. Heureusement que mon cher camarade Caumont a ceci de particulier que la mauvaise humeur ne prend pas sur son aimable caractère; il me

regarde donc en souriant, et un peu honteux je parle d'autre chose.

Encore une terrible journée de chemin
de fer. Le train a beau être spécial, le
salon aussi confortable que possible et
le temps radieux, on n'en finit pas moins
par être brisé de rouler pendant des mil-
liers de kilomètres, en n'entrevoyant
que de temps en temps, et pour combien
peu d'heures, la radieuse perspective des
draps blancs. Néanmoins, en fumant des
pipes, accoudés à la balustrade du balcon, devant le paysage à longues lignes,
tantôt sévères, tantôt riantes, mais toujours vertes, notre conversation un ins-
tant ralentie par la fatigue reprend de
plus belle ; et nous nous amusons des
laboureurs qui, à moitié nus, portent
presque tous sur leur peau basanée une
vieille veste de turko. La solitude est
toujours grande : mais partout de la culture, des bois, de temps en temps une
maisonnette et aux stations des femmes

raccommodant des bas, les pieds sur une chaufferette. Pas moyen de se monter le bourrichon.

Nous voici à Mostaganem : c'est jour de marché et fête pour les yeux, que toute cette foule bariolée sous le soleil radieux, devant les murs blancs à nous aveugler. Une chose impatientante là-bas, c'est de ne jamais voir que des hommes. Certes, notre sexe est un sexe fort bien, mais on a l'habitude de voir chez nous quelquefois une jolie silhouette de femme trottiner dans la rue : ici cela manque. Il est vrai que les hommes portent des burnous, qui reposent des rangées de jambes étriquées dans des pantalons. Les fruits sont aussi rutilants que le soleil, que le blanc des vêtements : les oranges débordent, torrents jaunes, des paniers d'alfa, vert pâle et c'est un ruissellement de tons et de voix aiguës. Dans un landau énorme traîné par deux petits animaux microscopiques nous ar-

rivons à la place principale où est l'hôtel
où nous allons déjeuner. Entourée
d'arcades comme toutes les villes algériennes, cette petite cité de Mostaganem est un joli joujou frais, sans aucun
caractère : jolie vue sur la Méditerranée,
très bleue aujourd'hui, du haut de la ter-
rasse près de l'hôtel.

Un Monsieur X. épicier, sportman,
éleveur, métis de politicien de village
et de ruffian italien, nous montre de
vilains chevaux, il en demande 3,500 fr.
en moyenne, la pièce, s'il vous plaît ; il
paraît que ces chevaux-là gagnent des
courses dans ce pays-ci ; cela me fait
trembler pour les courses, j'aime mieux
ne pas les voir. Non, ici rien de ce que
cherche Caumont ; à Relizane, l'autre
jour, pas grand'chose ; partons pour
Tiaret. Il n'y a guère que cent vingt-
kilomètres : nous n'en sommes pas à
cent kilomètres près.

Caumont, qui s'était souvenu tout à

coup qu'il était administrateur de la
ligne, s'était cru obligé de faire compliment à M. Rouzaud du parfait brillant
des rails, de la façon dont les machines
sifflaient agréablement, et autes réflexions ingénieuses autant que profon-
dément vraies. En descendant à Mostaganem, il avait aussi secoué la main
loyale du mécanicien qui lui avait mis
du charbon dans la sienne, mais en
avait reçu un bon louis d'or, lequel avait
paru produire un merveilleux effet. Nous
repartons donc, mais autant l'aller avait
été modéré et sûr, autant le train du
retour, à travers les lacets interminables
et les précipices béants, fut la course
vertigineuse d'une locomotive en folie.
C'était comme un galop furieux dans les
côtes et les descentes et quand, quelques
heures après, nous sommes descendus à
Tiaret, j'ai supplié mon camarade de ne
plus faire ni compliment, ni cadeau au
mécanicien.

Tiaret est bâti sur le roc le plus abrupt, le plus sauvage et le plus laid qu'on puisse rencontrer. L'hôtel y est aussi puant, aussi sale et aussi mauvais que possible ; par dessus le marché une pluie neigeuse et pénétrante fouettait les vitres sales de nos chambres sans feu. J'ai eu, depuis, quelques jours de misère, mais le seul mauvais souvenir de mon voyage je le dois à Tiaret. La patronne de l'hôtel, une vieille femme plâtrée et peinte comme en plein salon du Champ de Mars, venait de temps en temps savoir si nous avions tout ce qu'il nous fallait. Oh dérision ! Et sur notre réponse qui avait le triste courage d'être affirmative, elle nous coulait des plaisanteries qui auraient embété les palefreniers à l'office, tout en faisant rougir les sous-officiers de dragons au corps de garde. Pendant ce temps, une sorte de petit avorton, son fils, qui servait la serviette sous le bras un monde de commis

voyageurs de dixième ordre et de fonc-
tionnaires de bas étage, nous contait
d'un air sérieux qu'il montait en courses
et ne voulait pas naturellement perdre
sa qualité de gentleman. J'en aurais ri,
si je n'avais pas eu surtout une envie
folle de m'en aller.

C'est ce que nous fîmes le matin, après
avoir déjeuné de bonne heure et raccolé
de ci de là quelques chevaux dans le
marécage de la place du marché et la
fange extraordinaire de ce qu'on appelle
à Tiaret, les écuries. — Ouf! On se sent
chez soi dans ce bon wagon et en route
pour Relizane.

En passant, M. Rouzaud nous arrête
pour visiter le tombeau très curieux d'un
grand saint, Sidi Mohamed-Ben-Aouda,
et l'agglomération non moins intéres-
sante des gourbis qui l'entourent, habités
par une sorte de congrégation religieuse.

La raison d'être et le modus vivendi
de ces braves gens est de prier et de

mendier pour la mémoire du saint.
Trois pièces de dix sous, une pour chacun de nous, nous concilient la bienveil-
lance du frère portier, si j'ose m'expri-
mer ainsi. Avec lui, nous pénétrons dans
le frais recueillement d'une manière de
cloître, qui tourne autour de la chambre
ardente où sont déposés les restes du
saint. Il est là, le saint Mahomed, Dieu
sait depuis quand, couché dans le silence
de ce lieu désert où l'on n'entend que le
murmure des versets du Coran sans cesse
susurrés par des vieillards à longues
barbes blanches. Le centre de la pièce
où il repose, forme comme un gigan-
tesque lit central dont les magnifiques
draperies de soie entrecroisées les unes
sur les autres retombent en plis cha-
toyants et nobles jusque sur le sol : c'est
sous ce manteau d'étoffe d'une grande
magnificence qu'enfermé dans une sorte
de grillage de fer à mailles très serrées, se
trouve le corps de Mohamed-ben-Aouda.

On sort de là avec un sentiment de repos, de béatitude, presque de piété. Si je trouvais un bénitier au coin de la mosquée, je ferais volontiers un signe de croix pour ce brave homme, à la mémoire si respectée.

Relizane. — Nous disons un adieu définitif au confortable wagon que nous avons si peu quitté depuis quelques jours et qui nous a mené à travers tant de contrées et de sensations diverses. Nous disons adieu aussi, le cœur gros, à notre sympathique compagnon M. Rouzaud. Quelques jours d'une intimité continuelle nous l'ont fait apprécier. J'ignore si les hasards de la vie nous ferons coïncider jamais à quelque angle de la route : ce que je sais, c'est que je n'oublierai de sitôt, ni les ressources de son intelligence, ni les intarissables qualités de son dévouement et de sa bonne humeur. Allons ! au revoir, c'est mieux qu'adieu. — Qu'en dites-vous ?

Quelques heures après, nous sommes à Blidah. Bonne nuit dans un lit propre. Bon café, beau soleil. Je sors de mon côté, laissant Caumont aller au dépôt de remonte. J'adore ces départs, seul, sans guide, à travers une ville inconnue. — «Monsieur le Baron...». Serait-ce moi? Je me retourne et me trouve en présence d'un domestique d'hôtel; il me rafraîchit la mémoire, il me servait à déjeuner à Parthenay avant l'heure du train de Paris. Le monde devient de plus en plus petit.

Ah! que cette délicieuse ville de Blidah m'a bien consolé de Tiaret. Coquette comme une station balnéaire des Pyrénées, avec des coins aussi arabes que les confins du désert, des petites échoppes grandes comme la main où tous les corps de métier côte à côte étalent leurs marchandises exotiques. Je vais au marché, j'achète des oranges et des citrons doux, je donne des sous

aux enfants et puis, je débouche sur une
petite place avec de l'eau, du marbre et
des palmiers; un peu plus loin, ce sont
des jardins odorants qui grimpent en
amphithéâtre avec leurs balustrades et
leurs pergolas sur le flanc du coteau
frais qui domine la ville. De plus, j'y ai
vu chez M. Ricci, industriel et amateur
fort distingué, les plus beaux chevaux
ou, pour mieux dire, les seuls beaux
chevaux que j'aie rencontrés depuis mon
départ. On voit l'homme connaissant
le cheval et sachant l'élever : nous en
achetons deux ou trois, dont un pour
Lili, ma fille.

Promenade en voiture par une jolie
route à la Chiffa, à la « Vallée des
Singes ». Ce qu'il y a de drôle c'est
qu'il y en a. Jolie tournée pour An-
glaises. Le lendemain, remonte à Affre-
ville. Achat d'un beau cheval alezan
et nous voilà rentrés à Alger. Là, il
va falloir quitter mon ami Caumont et

continuer seul ma route sur Tunis par
Constantine. Je suis pressé de rentrer :
la terre commence à me brûler sous les
pieds. Je prendrai le bateau du 24 à
Bizerte : je me le suis juré, je n'en aurai
pas le démenti. Caumont, lui, reste
pour acheter les derniers chevaux dont
il a besoin et embarquer tout le convoi.

Nous venons de passer quinze jours
sans une contrariété, sans un mot de
mauvaise humeur, sans une pointe d'a-
gacement. Le diable m'emporte ! je suis
presque ému en quittant mon compagnon, heureusement que je vais le retrouver dans quelques jours à Paris. Et
je pars.

Le ciel est mauvais, bas et blanc; installé dans mon compartiment, je m'endors. Aux Portes de Fer, curieux rem-
parts de roc que traverse le chemin de
fer entre Bouhira et Mansoura sur les
confins de la province de Constantine,
la neige commence. J'ouvre un œil, un

train passe tout blanc venant de Constantine : son chef de train nous dit en
manière d'adieu : « Il faut espérer que
vous passerez. » Un peu plus loin, au
Bordj, tâtonnement, incertitude, nouveau départ. A Mesloug, après une
heure d'attente, deux locomotives parties comme les colombes de l'arche, ne
reviennent pas ; les wagons sont dans la
neige au-dessus du moyeu, dans les
tranchées il y en a plus d'un mètre. Le
chef de gare vient nous annoncer que
nous sommes bloqués et qu'il va falloir
coucher dans les wagons.

Il faisait de 8 à 10 degrés de froid ;
les bouillottes ne chauffaient plus ; la
gare était une sorte de halte comme les
plus petites haltes de nos tramways
départementaux ; de village, point. Il
était sept heures du soir, nous n'avions
naturellement pas dîné, et nous nous
trouvions à cent quinze kilomètres de
Constantine, à vingt de Sétif. La situa-

tion n'avait rien de dangereux, mais rien
non plus de récréatif. Un vieux docteur
suisse en face de moi me propose de
faire un piquet; j'accepte, sur un côté
de mon sac mis debout; à dix heures
je lui avais gagné vingt francs, mais
comme nous n'avions pas joué le dîner,
il n'y en avait pas.

A ce moment, une voix joyeuse nous
annonce que le couvert est mis dans la
gare : j'y cours et jamais je ne pourrai
dire combien le coup d'œil était drôle
et pittoresque. Sur l'unique table où
l'on fait les écritures : deux lanternes
de nuit, l'une rouge, l'autre verte, trois
ou quatre assiettes, un jambon cru, des
œufs durs, du pain d'orge, et tout autour, des Arabes en loques, deux ou
trois voyageurs élégants, deux officiers,
une chanteuse d'un beuglant d'Alger et
quelques seigneurs sans caractère ni
importance : tout cela assis qui sur une
chaise, qui sur une malle, qui sur le

poêle qui fumait mais ne chauffait pas,
qui par terre.

Le jambon avait beau être cru, il était
effroyable : les œufs étaient frais, mais le
pain ne l'était guère. Néanmoins m'étant
procuré de l'eau propre et de l'eau-de-
vie, j'ai fort bien avalé ma ration et trou-
vant les plaisanteries des commis voyageurs ennuyeuses, j'ai été me coucher.

Une nuit est bientôt passée, dit-on ;
tel n'est pas mon avis quand il fait froid,
qu'on n'a pas de quoi se couvrir et que
des espèces de loustics font des farces
dans les compartiments avoisinants. Le
jour finit tout de même par se lever, il
se leva même radieux : pas une apparence de dégel, les gens du pays ne nous
dissimulent pas que nous sommes peut-
être ici pour trois ou quatre jours. —
Cela à aucun prix ! J'essaierai de me
procurer des chevaux. Impossible !

Enfin, passe une caravane de chameaux. Partis des environs de Constan-

ine, ils vont à Biskra; j'arrête un des cha-
meliers et par l'intermédiaire d'un des
ouvriers de la gare, je finis par le déci-
der à retourner jusqu'à Sétif pour vingt
francs. J'abandonne ma malle qu'on ne

Caravane lointaine.

pouvait pas caser sur le chameau et me
voilà juché tant bien que mal, plutôt mal
que bien, avec mon sac, sur cet animal
pittoresque, mais d'une structure émi-
nemment incommode et d'une allure
complètement nauséabonde. Pour com-

ble de malheur, ce vaisseau du désert,
très ennuyé de retourner en arrière et de
quitter ses camarades, essayait à chaque
pas de se retourner dans leur direction
et ne cessait de pousser des hurlements

Silhouette de caravane.

insupportables. Heureusement ce sport
ne dura que fort peu de kilomètres : au
bout de trois quarts d'heure à peine de
ce genre de transport, je trouve sur la
route un petit mylord attelé de cinq chevaux avec qui je retourne prendre ma
malle et qui me mène dîner à Sétif.

De Sétif, j'ai gardé seulement l'impression d'un endroit que je désirais passionnément quitter : ma seule distraction a consisté à aller toutes les heures à la gare savoir si la voie était déblayée et à voir passer des pauvres diables d'Arabes morts, pauvrement roulés, comme pendant leur vie, dans une étoffe grossière et portés en civière sur le dos de deux de leurs camarades. Il y avait une épidémie terrible de variole infectieuse et ces tristes rencontres, sans apparat ni decorum, se faisaient à chaque pas.

Décidément, le train ne part pas et la voie ne sera pas déblayée avant deux ou trois jours. Mais moi, je partirai coûte que coûte : les difficultés doublent mon désir de m'en aller : je m'ennuie, je me démoralise et je cherche si bien que le lendemain matin, à neuf heures, une petite carriole à quatre roues et à deux chevaux est à ma porte. Pour une somme, d'ailleurs énorme, elle doit, avec des relais, me mener jusqu'au premier train marchant, dussions-nous aller le chercher à Constantine. On hisse ma malle dans l'intérieur, je grimpe à côté du cocher. « Hua! Hua! » Nous voilà partis : d'aucuns me regardent partir avec un sourire gouailleur.

Hélas, une heure après, c'est-à-dire à quatre ou cinq kilomètres de Sétif, quand je me suis trouvé en rase campagne dans un mètre de neige, le timon cassé, les harnais brisés et les deux chevaux se débattant sans pouvoir se relever, j'ai compris la signification de ce sourire. Nous relevons les chevaux à la fin et nous allions continuer la route sur leur dos, mon châle plié en quatre en guise de selle sur la maigre échine du mien, quand nous sommes dépassés avec force bruit de sonnailles par un étrange attelage : quatre mules attelées l'une devant l'autre à un grand traîneau, à côté d'elles

deux hommes à pied dont l'un à tour-
nure élégante de sportman, ayant chacun un fouet à la main, stimulent leurs
efforts désespérés à grands coups de
lanière, puis un Arabe à cheval, également armé d'un fouet terrible, se porte
en avant, en arrière, à gauche, à droite
de la ligne des mulets, les dirige et les
excite. Ho! c'est l'attelage qui s'arrête
à notre hauteur.

M. Chollet, le propriétaire, celui qui
a l'air d'un sportman avec sa casquette
anglaise et ses bottes jaunes, prend en
pitié ma triste situation et m'offre de
m'emmener avec ma valise jusqu'à Saint-
Arnaud, « si j'y arrive moi-même, ajoute-
t-il, car on m'a dit que la neige dans
certaines tranchées, atteint un mètre
cinquante et les mules y resteraient :
mais nous passerons à travers champs et
avec ce traîneau que j'ai construit hier
avec mes hommes, nous sommes au
moins sûrs de ne pas verser. »

L'offre est vivement acceptée, vous comprenez : me voilà installé parmi les couvertures et les sacs d'orge, abandonnant une fois de plus ma pauvre malle aux hasards de la vie errante. Les fouets sifflent, les mules se heurtent en geignant aux colliers qui cèdent, et nous glissons doucement sur la neige à travers l'immensité de la plaine blanche, sans un arbre, sans un point de repaire, sous un soleil radieux; je bourre ma pipe, je me présente à M. Chollet: il me raconte sa vie pittoresque dans la grosse exploitation qu'il dirige à dix kilomètres de Sétif; ses mules sont nées chez lui, comme le petit forgeron qu'il a emmené pour l'aider, comme l'Arabe qui monte un cheval (produit d'un normand et d'une jument barbe), affreux animal, dont il me demande avec orgueil de prendre la photographie.

Il a, derrière Saint-Arnaud, un grand élevage de moutons, à cinquante kilo-

mètres de chez lui, et comme il a entendu
dire qu'il en est mort plusieurs centaines
par les neiges de ces derniers jours, il
s'est mis en route pour tâcher de rame-
ner les malades à sa ferme, ou de leur

Le traîneau de M. Chollet.

porter à manger sur son traîneau s'il
trouve quelque chose à acheter pour eux.
Certes il est vaillant, intelligent et indus-
trieux : mais le temps ne compte pas
pour lui; pour cela, il est bien oriental.

A midi, la chaleur est pénible avec la réverbération sur la neige; nous avons ôté un à un tous nos vêtements chauds et je reste en bras de chemise, à fumer sur le traîneau. Émergeant d'un pli de terrain, un cheval et un cavalier se dressent devant nous, ou plutôt le cheval a deux cavaliers : un vivant qui tient les rênes et un mort en travers sur sa selle, ballottant ses · pauvres membres gauches et raides qui sortent nus de leur misérable couverture dans les secousses de la dernière chevauchée. « Bon signe, nous arriverons », s'écrie M. Chollet; nous stoppons à ce moment devant une cabane, près d'une ancienne source, la « Fontaine romaine ».

« Monsieur, me dit alors mon hôte avec une charmante bonhomie, mon déjeuner est modeste, mais vous allez me faire l'honneur de le partager : heureusement que c'est le Rahmadan, l'Arabe n'en voudra pas : c'est une chance pour vous. » Il débale du pain, du fromage de chèvre et trois mandarines ; nous nous attablons sur un sac d'orge dont on vient de tirer quatre rations pour les mules ; un grand verre de vin, vraiment mauvais, une pipe et nous repartons.

Bref, au bout de sept heures et demie de route, nous découvrons quelques arbres tout près de nous dans un pli de terrain, et quelques instants plus tard, nous faisons notre entrée triomphale dans le village, où naturellement on n'avait jamais vu de traîneau. Emmenés à l'auberge par les notables de l'endroit, de braves Européens ayant l'air d'affreux bandits et portant des costumes de bicyclistes, nous racontons notre équipée, et je bondis à la gare, autant qu'on peut bondir dans soixante centimètres de neige.

Pas de train, pas de télégraphe, aucune nouvelle ! Mais M. Chollet con-

tinue à me protéger : il me trouve un
Arabe avec deux chevaux et un mulet
de main pour mon sac ; nous ferons
ainsi facilement, dans notre journée, les
quatre-vingt-dix kilomètres qui nous
séparent de Constantine. Ce sera dur en
selle arabe : je n'y laisserai certes pas ma
peau (sur le conseil qu'on me donne, je
montre à l'Arabe mon excellent revolver à six coups), mais je pourrais bien
en laisser un morceau sur le fond de ma
selle. Et j'offre à mon compagnon une
boisson frelatée quelconque. Le poêle
ronfle, je suis fatigué, il fait bon, quoique l'odeur de ce petit cabaret soit nauséabonde, et je m'endors.

Je vous donne en mille par quel bruit
plus doux que toutes les symphonies en
tous les tons, je fus éveillé ?.... par le
bruit d'une locomotive avec de vrais
wagons qui s'était frayé un chemin, bien
gentiment, dans la neige, et qui, deux
heures après, allait m'emmener moel-

leusement, sur un coussin de première, jusqu'à Constantine.

Nous dînons ensemble dans la meilleure auberge de Saint-Arnaud, M. Chollet et moi comme de vieux amis, avec

Sur la route de Saint-Arnaud.

cette nuance de mélancolie qu'on éprouve à songer qu'une intimité de quelques heures n'aura plus jamais de lendemain : c'est le petit caillou jeté dans l'eau courante qui se referme sur

lui. J'avais couru tout le village pour
donner à mon compagnon et au petit
forgeron que j'avais invité aussi à notre
table, un bon repas ; il était au moins
colossal : un mouton tout entier y repa-
raissait sous les formes les plus diverses
et le couscous n'en était pas une des
moindres attractions. J'avais même dé-
niché à la cave de notre auberge une
bouteille de vin qui avait dû être du
Bordeaux trente ans plus tôt. Ce n'était
plus que de l'eau légèrement rosée, mais
Chollet le buvait avec recueillement à
petites gorgées en disant : « Il est fameux, on voit qu'il est bien vieux. »

Il me quittait à regret maintenant, il
aurait voulu m'emmener voir ses moutons, puis plus loin, dans le Sud où il
avait encore des moutons. Il m'accom-
pagne à la gare. Encore une chaude
étreinte de nos quatre mains bien sin-
cères, je vous en réponds, et en m'ins-
tallant dans mon wagon, je sens quel-

que chose de salé sur mes lèvres, c'était,
ma parole d'honneur, une larme. Que
les flegmatiques pardonnent à un ner-
veux : peut-être feraient-ils mieux de
l'envier !

Depuis ce moment jusqu'à Tunis
j'étais si fatigué que c'est à peine si j'ai
joui du panorama souvent admirable
qui se déroulait sous mes yeux; je vois
dans un rêve, au petit jour, Constantine
bâtie sur son colossal pic de roc sombre
au-dessus du Rumel qui gronde comme
un serpentin d'écume au fond du gigan-
tesque précipice qui la borde.

Plus loin la vallée de l'Oued Melah,
la gorge du « Colimaçon » inquiétante
de sauvagerie : puis les merveilleux
méandres de la ligne à travers les forêts
de chênes-lièges, au milieu d'un pays al-
pestre, coupé de cours d'eau et de cascades, entre Souk-Ahras et Ghardimaou.
Mais, je l'avoue à ma honte, le moment le
plus doux a été celui où je suis tombé

endormi sur l'excellent lit que j'ai trouvé
à Tunis, en arrivant dans cette confortable demeure qu'on appelle le Grand-
Hôtel. Le lendemain matin, bien reposé,
après une toilette sérieuse qui commen-
çait à sortir de mes habitudes, j'associe
mon sort à celui d'un très aimable compagnon que le hasard m'avait fait rencontrer deux jours auparavant, M. Balzan. Ayant beaucoup d'amis communs
nous n'avions pas tardé à causer des
uns et des autres et nous nous étions
promis de voir Tunis ensemble.

Le guide de l'hôtel, répondant au nom
plus pharmaceutique que pittoresque,
de Bismuth, nous emmène voir le jardin
du Belvédère, puis la vue générale de la
ville et du lac ; enfin, nous entrons sous
sa direction dans la ville arabe, c'est-à-
dire l'entrecroisement le plus fou de
ruelles invraisemblables, l'association de
toutes les couleurs, et le coudoiement
de toutes les races. La foule ne marche

pas, elle grouille : puis sous des arcades
sombres, à peine éclairées par en haut et
qui ressemblent aux corridors d'une
cave énorme, voilà l'entassement des
étoffes soyeuses et chatoyantes, le débor-
dement des fils d'or et d'argent, le clin-
quant des poignées de sabre et les har-
nachements rutilants de cuirs rouges
et de pierres fausses. Nous sommes aux
Souks, c'est-à-dire aux fameux Bazars.
Les marchands, dans leurs petites échoppes carrées, creusées dans la paroi des
murs, qui ressemblent à autant d'al-
véoles composant l'immense ruche dont
on entend le susurrement confus, vous
appellent d'un air prometteur : on dirait
des alléchants appels de certaines demoi-
selles, au coin des rues sombres, le soir,
à Paris.

D'autres, plus hardis vous prennent
par la manche, vous invitent à prendre
le café, vous supplient d'entrer avec la
même tenacité qu'un mendiant vous de-

manderait un sou à la sortie de la messe.
Malheur au pauvre diable qui a la can-
deur de s'asseoir dans une de ces boutiques où tout est du toc, depuis la mar-
chandise offerte jusqu'à l'air complimen-
teur du marchand, et où il n'y a de vrai
que l'argent que vous allez y laisser tout
à l'heure. A peine assis, vous disparais-
sez sous une avalanche d'étoffes, de tapis,
de broderies, de gandouras ; on vous
ingurgite du café, on vous fait respirer
de l'eau de rose : ce vieux tapis de mosquée exactement authentique, qui vau-
drait deux louis en France, on va vous
le laisser pour cinq cents francs, parce
que vous avez vraiment belle mine et
puis pour vous encourager à faire des
affaires avec la maison. Encore du café,
encore de l'eau de rose. Et cette écharpe
avec des couleurs de gâteaux de foire et
des filigranes dorés sur toutes les cou-
tures, comme elle fera bien pour votre
femme — pour votre fille — non, vous

êtes trop jeune : vous ne pouvez pas
avoir d'enfants — pour votre maîtresse :
et le marchand s'esclaffe doucement en
clignant un œil.

Tout le magasin est déplié : je résiste
à une forte envie d'assassiner cet animal
qui s'appelle Barbouchi, et j'achète tout
ce qu'il veut me vendre, je ne peux plus
lui échapper : je suis sa proie. Il reste
encore un billet de cent francs dans mon
porte feuille, il l'aperçoit et me glisse
immédiatement pour m'en débarrasser
une loque d'étoffe jaunâtre qui vaut bien
6 fr. 95.

Nous voilà sortis tout de même. Dans
une ruelle immonde, des êtres hideux
ayant l'air d'appartenir au sexe féminin,
sont accroupis, chacun devant sa porte
et vous font leurs offres de service — les
services se paient ordinairement soixante
centimes. Je dois dire que ces dames
sont infiniment moins collantes que cette
canaille de Barbouchi. Nous passons

7

sous la porte de France, Bab-el-Bahar et nous rentrons déjeuner. Le jeune frère de mon ami Caumont, qui est officier au 4ᵉ chasseurs d'Afrique, me fait le plaisir de déjeuner avec nous, ainsi que M. Boissonas à qui j'ai écrit pour le prévenir de mon arrivée ; on déjeune fort gaiement, mais en hâte parce que nous voulons avoir, Balzan et moi, toute la journée pour visiter les ruines de Carthage. Ce soir, on se retrouvera à la pension des officiers qui tâcheront de nous faire visiter à la nuit les rares curiosités que peut encore offrir ce quartier arabe, sévèrement surveillé par l'œil jaloux de l'autorité civile. M. Bérenger a des lieutenants jusqu'à Tunis.

Et, moi aussi, je me suis assis sur les ruines de Carthage.

Après avoir contourné le lac d'où s'envolaient de gracieux vols de flamants roses, notre voiture s'est arrêtée devant les trous encore béants et frais où apparaissent des fragments de sarcophages, au pied de la colline où a été construite l'église de Saint-Louis de Carthage par les soins de Monseigneur de Lavigerie; nous y sommes montés à pied, recueillis, devant le décor merveilleux qui s'étend devant nos yeux, et devant le vertigineux passé dont les traces nous arrêtent à chaque pas.

Je ne parle pas du musée des Pères blancs où sont entassés des trésors archéologiques dont je n'ai ni la compétence ni le désir de faire une description quelconque; je me laisse seulement aller à songer, devant ces tombes entr'ouvertes, à ce monde punique, si barbare, si fastueux et si raffiné, qui regardait ce beau lac sous ce ciel admirable, et je bois un vin douceâtre dans une petite auberge, construite, dit-on, sur l'emplacement du palais dont parle Flaubert dans *Salammbô;* ce vin grise délicieusement ma pensée.

En errant parmi les décombres nous
avons la chance, Balzan et moi, de trouver deux ou trois petites pièces de mon-
naie qui feraient peut-être sourire un
numismate, mais dont la découverte
nous ravit. On m'a dit qu'il y en avait
une carthaginoise : je n'en sais rien,
peut-être la personne qui me l'a dit n'en
sait-elle rien non plus. Je la garde pré-
cieusement néanmoins.

De notre dernière soirée, je ne dirai
que quelques mots, pressé que je suis
de reprendre mon bateau et de retourner dans mon « home », et il me semble
que boucler ma valise vingt-quatre heures à l'avance c'est autant de gagné vers
le seuil désiré.

Le dîner qu'ont bien voulu m'offrir
les lieutenants du 4e chasseurs d'Afrique, a été cependant une des plus
joyeuses et cordiales heures que j'aie
passées depuis longtemps. Le verre en
main, nous nous sommes souhaité mille

prospérités et un prompt revoir : je ne m'en dédis pas, j'insiste sur le plaisir que j'aurais à retrouver ces gracieux hôtes d'un soir.

Après le diner, rougissant de ma canne au milieu des sabres fulgurants aux frôlements sonores sur les pavés des ruelles mystérieuses, j'ai fait le tour des attractions arabes : la danse du ventre, les marionnettes qui représentent les croisades avec l'écrasement systématique des Roumis par les Musulmans, et enfin le karagous : ce mot est intraduisible en français pour cause de décence publique et ce spectacle se dérobe à l'analyse : c'est une ombre chinoise ou plutôt tunisienne qui en dit long sur le caractère d'enfantine obscénité de ces bons Arabes.

Le lendemain, après avoir jeté un coup d'œil sur la campagne tunisienne et visité le Bardo, un de ces rêves des beys, réalisé en papier mâché par quelque famélique architecte européen, je reprenais le train pour Bizerte et je m'y embarquais sur *La Ville de Bône* ; soixante-dix heures après, je dînais joyeusement à Paris à ma table familiale, emportant de cette rapide vision d'un pays nouveau pour moi, un souvenir tout parfumé à l'eau de rose et tout frémissant de poésie.

LE PUY-EN-VELAY

IMPRIMERIE RÉGIS MARCHESSOU